Moise Kabwe Muzembe Bukasa

Psaume Patriotique du Congo-Kinshasa

Moise Kabwe Muzembe Bukasa

Psaume Patriotique du Congo-Kinshasa

Le peuple congolais au grand rendez-vous sacré de sa merveilleuse destinée nationale.

Dictus Publishing

Imprint

Any brand names and product names mentioned in this book are subject to trademark, brand or patent protection and are trademarks or registered trademarks of their respective holders. The use of brand names, product names, common names, trade names, product descriptions etc. even without a particular marking in this work is in no way to be construed to mean that such names may be regarded as unrestricted in respect of trademark and brand protection legislation and could thus be used by anyone.

Cover image: www.ingimage.com

Publisher:
Dictus Publishing
is a trademark of
Dodo Books Indian Ocean Ltd. and OmniScriptum S.R.L publishing group

120 High Road, East Finchley, London, N2 9ED, United Kingdom
Str. Armeneasca 28/1, office 1, Chisinau MD-2012, Republic of Moldova, Europe
Managing Directors: Ieva Konstantinova, Victoria Ursu
info@omniscriptum.com

Printed at: see last page
ISBN: 978-3-8473-8889-0

SOMMAIRE

Dédicace

Ma famille et moi dédions ce précieux trésor, le PSAUME PATRIOTIQUE DU CONGO-KINSHASA, à tout homme, toute femme, tout enfant, tout jeune et tout vieux, où qu'il soit, dans notre pays ou à l'étranger, lié par son appartenance d'esprit, d'âme, de corps et de terre à l'une des tribus de nos différentes ethnies issues des groupes anthropologiques originels de notre peuple, à savoir : les Pygmées, les Bantous, les Soudanais et les Nilotiques qui, par la prescience et la volonté du Très-Haut, le Dieu Créateur de l'univers entier et des nations, et par son œuvre grandiose de Bâtisseur Suprême accomplie à travers le rôle à la fois et circonstanciellement humanitaire, salutaire, intéressé, néfaste, funeste, macabre et fondamental joué respectivement dans la nuit des temps, tour à tour, par le missionnaire et explorateur écossais, David Livingstone, par le journaliste et explorateur anglais, Henry Morton Stanley, par le roi des Belges, Léopold II, par la Conférence de Berlin et par le royaume de Belgique, ont donné bienheureuse et prodigieuse naissance à notre Nation, notre très chère et tendre Mère Patrie, le Congo-Kinshasa libre, dans la douleur, la vaillance, la bravoure et le sang de notre noble peuple, de nos martyrs et de nos héros, en ce jour mémorable du 30 juin 1960. En plus, nous dédions également ce précieux trésor à tous ceux avec qui nous partageons la merveilleuse, prodigieuse et noble destinée du Congo-Kinshasa par le bénéfice de l'adoption citoyenne et civilisée.

Que chaque compatriote trouve ici l'expression de l'attachement sincère de tout notre être à sa personne, à la mémoire sacrée de tous nos martyrs et de tous nos héros, connus et anonymes de tous les temps, à notre vaillant et redoutable peuple, et à la terre bénie de mille myriades des prodiges et des merveilles que nous ont léguée nos ancêtres communs par la grâce divine. Amen !

REMERCIEMENTS

Nous exprimons toute notre profonde gratitude à Dieu, notre Père céleste, qui nous a jugé digne de servir de réceptacle des mystères de sa sagesse, de sa grâce, de son amour, de ses bontés, de sa miséricorde et de ses compassions, mystères destinés à notre Nation, le Congo- Kinshasa, et de les lui communiquer au moyen du PSAUME PATRIOTIQUE, par le pouvoir et l'action du Saint-Esprit, et dans le précieux et merveilleux nom de notre Sauveur et Seigneur Jésus-Christ.

Nos remerciements vont également droit à tous ceux qui, de près ou de loin, d'une manière ou d'une autre, ont concouru à la réalisation matérielle de cette œuvre nationale.

Que les uns et les autres reçoivent la grâce, la paix et la bénédiction de la part de Dieu, notre Père céleste, et du Seigneur Jésus-Christ ! Amen !

Nous remercions aussi Monsieur Aimé MUPENDA wa KAJABIKA qui a fait la saisie et la mise en page de cet ouvrage avec professionnalisme.

Tout mon cœur et toute ma reconnaissance :

A la mémoire de mes très chers parents Benjamin BUKASA KABONGO et Véronique MUKANYA KALANGA et de mon bien-aimé Pasteur Albert LUKUSA LUVUNGU Le Roi ;

A ma bienheureuse Lionnève II, la Mère Lionne du Salem, ma Perle dorée, l'Aurore de mon nouveau jour, la Fontaine sacrée de mes délices ;

A vous mes très chers enfants : Grand-Prince Néhémie NTUMBA KABWE, Prince Eben-Ezer LUKUSA KABWE, Princesse Dina-Golda KAPINGA KABWE, Prince Josué BUKASA KABWE et Prince Caleb YABADILE KABWE ;

Pour le rayonnement de votre indéfectible amour qui a tant brillé sur moi et illuminé mon sentier dans la longue et éprouvante nuit de dur labeur, de mépris, de rejet, d'abandon, de solitude, d'opprobre, de moquerie et de misère partagés, et qui a également tant réchauffé tout mon être, le réanimant d'espoir, de courage, de joie et de force, chaque fois que la froideur et la frayeur des difficultés, des souffrances, des échecs, des soucis et des désespoirs l'enveloppaient, le fracassaient et le dévoraient sans merci ;

Pour votre fidélité et votre loyauté, votre confiance et votre patience avec lesquelles, dans le dénuement total, vous m'avez porté, supporté, accompagné et attendu, contre vents et marais, jusqu'à ce que jaillisse la sainte aurore sur nos vies ;

A toute ma famille et à tous mes amis ;

A tous ceux qui ont parfumé ma modeste et bienheureuse existence de leur bienveillante et généreuse humanité jusqu'à ce jour ;

A vous tous, je dis tout simplement merci !

LES CHOSES CACHEES !

« Quand il n'y a pas de révélation divine, le peuple se laisse aller. »

(Proverbe 29 : 18, La Sainte Bible, Le Semeur)

« La gloire de l'Eternel c'est de cacher les choses ; la gloire des rois, c'est de sonder les choses ! »

(Proverbe 25 : 2, La Sainte Bible, L. Segond).

« Les choses cachées sont à l'Eternel, notre Dieu ; les choses révélées sont à nous et à nos enfants à perpétuité ! »

(Deutéronome 29 :29, La Sainte Bible, L. Segond)

« Invoque-moi, et je te répondrais ; je t'annoncerai de grandes choses, des choses cachées, que tu ne connais pas ! »

(Jérémie 33 : 3, La Sainte Bible, L. Segond)

PROLOGUE

En dépit du degré avancé de la déchéance généralisée d'une nation, en l'occurrence la Nation congolaise, seule la révélation divine lui servirait d'instance supérieure et absolue de prise de conscience de son état malheureux consécutif à son

éloignement du chemin de la vie lui tracé par le Très-Haut, à ses erreurs personnelles et à ses fautes commises contre Dieu et contre ses propres enfants, et aux torts subis de la part des autres nations, en vue de leur réparation, de son salut, de sa restauration et de la remise en orbite de sa destinée conformément à la sagesse infinie de Dieu.

C'est bien cela la raison d'être et la mission primordiale et ultime du PSAUME PATRIOTIQUE DU CONGO-KINSHASA au bénéfice de la Nation congolaise, selon qu'il est écrit : « *Nous exposons la sagesse de Dieu, secrète jusqu'à présent, et qui demeure cachée au monde. Dieu l'avait préparée avant le commencement du monde en vue de notre gloire. Cette sagesse-là, les grands de ce monde ne la connaissent pas, … Mais comme le dit l'Ecriture, il s'agit de ce que l'œil n'a pas vu et que l'oreille n'a pas entendu, ce que l'esprit humain n'a jamais soupçonné, mais que Dieu tient en réserve pour ceux qui l'aiment. Or, Dieu nous l'a révélé par son Esprit ; l'Esprit, en effet, scrute tout, même les pensées les plus intimes de Dieu* » *(1 Corinthiens 2 : 7 – 10, La Sainte Bible, Le Semeur).*

En effet, le PSAUME PATRIOTIQUE DU CONGO-KINSHASA est une œuvre littéraire d'intérêt national, du genre poétique, d'inspiration spirituelle, biblique et prophétique, et à caractère moral et social. Son message est subdivisé en trois principaux temps lyriques ci-après :

Premièrement, le PSAUME PATRIOTIQUE DU CONGO-KINSHASA présente le cliché global malheureux de la situation existentielle de notre Nation et en même temps interpelle le peuple congolais tout entier, sans viser ni désigner quiconque singulièrement, que ce soit des individus ou des institutions

publiques de telle ou telle autre époque de l'histoire de notre pays, comme étant responsable des faits et gestes dégradants, privés et étatiques, que ce dernier a subis de la part des Congolais comme de celle des étrangers, depuis son accession à la souveraineté nationale jusqu'à ce jour, lesquels faits et gestes l'ayant mis dans un état de dégénérescence et de déliquescence qui l'expose inéluctablement aujourd'hui à l'opprobre et au mépris, car faisant de lui la risée de tous, à la balkanisation tant rêvée et projetée par ses bourreaux et ses prédateurs, à la destruction et à la disparition.

Par contre, son interpellation s'adresse particulièrement à chaque Congolais : homme, femme, enfant, jeune et vieux, le visant et le désignant comme étant personnellement et civilement le responsable n°1 de cet état déplorable, devant Dieu et devant toute la Nation, pour qu'ensemble nous puissions enfin prendre conscience de notre situation nationale et fournir en commun des efforts appropriés pouvant nous mener divinement au salut et à la restauration de notre Nation.

Deuxièmement, le message prophétique du PSAUME PATRIOTIQUE DU CONGO-KINSHASA exalte notre peuple en le plaçant plus haut au-delà de la vision minable et coupable qu'il a de lui-même et de la part de ses détracteurs, laquelle vision le pousse à se mépriser lui-même et à mépriser aussi tout ce qu'il a de meilleur et de plus valeureux, envié et convoité par tous au monde, à savoir : sa terre et ses immenses et innombrables richesses tant humaines que naturelles, au bénéfice de ses ennemis.

Oui ! Ce message poétiquement prophétique, d'une part, est une vive interpellation divine contre la conception, la considération, les attitudes et les comportements aliénés, pessimistes, rébarbatifs, démissionnaires, destructeurs, lâches et coupables de la part des Congolais vis-à-vis de la Nation ; et, d'autre part, il est un coup de clairon céleste qui réveille et mobilise toute la Nation congolaise en fixant son regard et son espérance désormais dans la direction de la trajectoire prophétique et lumineuse de la révélation divine des choses à venir bientôt pour elle, extraordinaires et inconnues du commun des mortels, destinées à son salut divin, à sa restauration totale et à son développement intégral, à sa prospérité croissante et à sa paix durable, à son bien-être définitif et à sa grandeur manifeste, à l'occupation effective par elle de la place qui lui revient parmi les grands dans le concert des nations et à la plénitude de l'exercice de son rôle moteur dans le rendez-vous universel de la mondialisation, ce conformément à sa merveilleuse, prodigieuse et noble destinée. C'est l'annonce d'un nouveau Congo-Kinshasa, symbole de la Paix dans le monde.

Troisièmement, enfin, ce poème national lance à tous les filles et fils de notre très chère et tendre Mère Patrie, le Congo-Kinshasa, un vibrant appel à l'espérance en sa Rédemption ; à la concorde et à la cohésion nationales ; à l'auto-prise en charge de notre vivre ensemble et de notre devenir commun ; au respect de la vie humaine, sachant que celle-ci revêt un caractère sacré aux yeux du Dieu Créateur de l'univers et de l'Homme ; au respect de l'ordre public, sachant également qu'il est l'émanation de la volonté du Dieu

Très-Haut pour tous les peuples ; au respect des biens privés des Congolais comme de ceux des étrangers, et des biens communs ; au travail consciencieux et laborieux ; à l'amour fraternel et patriotique ; à l'amour des peuples du monde entier ; à l'amour de Dieu et de toutes les œuvres de sa Création qui nous sont échues en partage comme don précieux de sa grâce et héritage inaliénable de nos ancêtres communs en ressources tant humaines que naturelles, qui font la grandeur et la fierté de notre Nation.

Par ailleurs, le message du PSAUME PATRIOTIQUE DU CONGO-KINSHASA annonce également la « *Réafricanisation de la Terre Sainte* » au moyen de la terre du Congo-Kinshasa, comme solution ultime et durable à la principale et séculaire crise du Moyen-Orient, en vue d'apporter la réconciliation, la paix, la solidarité, la sécurité mutuelle, le développement et la prospérité partagés, entre le peuple d'Israël et le peuple palestinien, d'abord ; entre ces derniers et le peuple du Congo-Kinshasa, ensuite ; et entre ces trois et les peuples d'Afrique et du monde entier, enfin.

Par ce fait, conformément à sa prodigieuse et merveilleuse destinée, le Congo-Kinshasa, d'une part, va gagner sa place parmi les grands dans le concert des nations, et, en plus, va s'affirmer dans son rôle moteur de pourvoyeur des solutions durables aux problèmes cruciaux des autres nations et du monde, dans le rendez-vous universel de la mondialisation, comme il avait autrefois pourvu à la solution dissuasive finale de la Deuxième Guerre Mondiale avec un produit de sa terre, à savoir l'uranium de Shinkolobwe, dans le siècle dernier ; et, d'autre part, corolairement à ce qui précède, le Congo-Kinshasa va pourvoir également à la solution interne de sa paix, de sa sécurité, de son développement et de sa prospérité d'une manière durable.

Daigne l'Eternel, notre Dieu, permettre à ce que le PSAUME PATRIOTIQUE DU CONGO-KINSASA puisse contribuer puissamment, efficacement à l'éducation citoyenne de nos masses populaires, au réveil et au renforcement de la conscience et de la fierté identitaires et patriotiques de notre grand et vaillant peuple, dès maintenant et pour toujours ! Amen !

Acte I

O ! Peuple grand et ardent, au cœur de l'Ebène !

Aujourd'hui tu es un lionceau blessé mortellement, malade, affamé, épuisé, languissant et couché de part et d'autre de ton grand et majestueux Salem. Dans la grande tristesse de ton rejet, de ton abandon et de ta solitude ; dans le sommeil profond, maléfique et coupable de tes pères ; et dans la nuit sans étoiles ni fin de misère et de péril : tu te meurs scandaleusement au jour le jour au milieu de l'abondance et de l'immensité, de la multitude et de la diversité des richesses insondables et inestimables dont la providence a pourvu généreusement ta tanière et qui attirent la convoitise et la prédation de la part des oiseaux de proie des montagnes et des bêtes de la terre !

L' « épée d'Esaü » dans les mains de tes enfants et dans les mains des enfants des étrangers a consumé ta vie et décimé ta progéniture sans pitié et l'a condamnée à l'instabilité, à la pauvreté, à la famine et à l'errance sur la terre de leurs ancêtres communs et vers des paradis illusoires d'autrui, comme des brebis sans berger, à la recherche d'abris sûrs, de verts pâturages et des eaux paisibles, douces et fraiches.

Quelle tragédie ! Certains de tes voisins, porteurs d'un certificat officiel de carence d'espace vital et de ressources substantielles ; frappés de cécité narcissique et hantés constamment par des puissants démons de la haine fratricide et génocidaire dosée de cruauté d'une rare intensité ; et guidés follement par des illusions suicidaires d'hégémonie raciale, expansionniste et dévastatrice qui rappellent la belle histoire de la grenouille qui voulait devenir grande comme le bœuf, voire plus grande, et qui rêvait même d'avaler ce dernier d'une bouchée un jour ; ces voisins malintentionnés et leurs progénitures maudites, maléfiques et malfaisantes, tous insatiables du sang de ton peuple, entrent chez toi par effraction, incendient, massacrent, saccagent et pillent ta tente à cœur joie et sans vergogne, au vu et au su de toutes les montagnes de la terre et dans un silence universel éloquemment complice et assourdissant ! Leurs bottes et leurs chars écrasent tes hommes, tes femmes, tes jeunes gens, tes jeunes filles, tes enfants, tes vieillards et tes nourrissons, sans cœur. Les femmes et les filles sont violées et leurs corps profanés nuit et jour dans ta maison par tes fils renégats et traitres de leurs racines et par des fils des étrangers, sous ta barbiche impuissante et ton regard morbide et évasif.

Quelle ironie du sort pour tes filles et fils exilés ! Même là où l'on ne pouvait pas s'y attendre, ils sont traités comme des serpents aux pieds des humains, sans défense ni secours, traqués, battus, dépouillés, tués, violés, expulsés comme des méprisables apatrides et comme d'infectieuses mouches par d'autres voisins complexés et épris de jalousie, de haine, d'hypocrisie, de perfidie et de lâcheté, au mépris de l'amour et de la solidarité de la famille ébénique ; tandis que tu accueilles, héberges, élèves et nourris à leur faim, avec ton cœur largement ouvert, leurs progénitures dans la maison de tes enfants, au nom de ton hospitalité et de ta générosité ancestrales authentiques et légendaires, et par ta naïveté suicidaire !

Devant tous ces spectacles désolants et ahurissants, tout ce que tu sais et ne peux faire c'est soit miauler soit te terrer dans un silence des morts complice, coupable et meurtrier.

O ! Puissant lionceau ! Un lion ça rugit, ça ne miaule pas !

Néanmoins, dans les temps passés de ta vie, ton égocentrisme a fait de toi un génie et puissant gendarme contre les fruits de tes propres entrailles dont tu as toujours bien su étouffer dans l'œuf et dans le sang les cris de détresses, de mécontentements, d'aspirations,   de misères, de revendications et de protestations, portant l'objet de ta responsabilité sur ta manière de mener la cité et de satisfaire à leurs attentes.

Tu n'as pas hésité une seule fois à livrer servilement, et avec triomphalisme, certains de tes fils malfaisants, pourtant, justiciables de ta souveraine magistrature balbutiante, en captivité et en déportation, dans les chaines, très loin en dehors de tes portes ! Quelle trahison de toi-même ! Quelle honte !

Lève-toi maintenant ! Affermis et applique souverainement la justice et l'équité dans ta propre maison pour la protéger contre les égarements de tiens, et pour écraser la folie destructrice et meurtrière de ceux de tes enfants et des enfants des étrangers qui menacent ton existence ! Poursuis tes ennemis, internes comme externes, jusque dans leurs derniers retranchements par ta justice !

Acte II

O ! Lionceau redoutable et indomptable, au cœur de l'Ebène !

Ta chair est voluptueusement dévorée par toutes espèces des carnivores et des rapaces féroces sortis de ton propre sein et ceux débarquant de toutes parts de montagnes de la terre. Ton cœur saigne à flots sans cesse ! Les cris de détresse que t'arrache l'atrocité de tes douleurs et de tes souffrances passent inaperçus aux oreilles complaisantes de la grande communauté adamique depuis la nuit des temps ! Tes prédateurs et tes bourreaux sont parfois comptés même dans les rangs de ceux qui viennent vers toi sous le manteau de sauveteurs, voire de consolateurs !

La mort lâche et illégitime de la part des méprisables et ignobles hordes infernales a arraché à la vie mille myriades de merveilleuses et précieuses âmes dans ta maison ! La puanteur de la putréfaction des corps d'innombrables et malheureuses victimes du sarcasme, du sadisme, du gangstérisme, de la cruauté et du terrorisme de tes ennemis a bouché les narines des Cieux et a grippé le Trône éternel ! Le sang innocent versé abondamment dans ta maison et sur la terre sacrée de tes ancêtres communs par tes propres filles et fils égarés et par ceux des étrangers, tous *commis à la solde des bêtes de la terre et des oiseaux de proie, a souillé ton pays, obscurci ta bienheureuse destinée et atteint la mesure du paroxysme de l'insupportable, de l'indignation et de la colère dans le Très Saint Tabernacle, et en appelle à grands cris à la justice, à la vengeance et à la rétribution du Juge Suprême !*

Pourquoi, vaillant lionceau, à tes propres yeux, aux yeux de tes détracteurs, de tes ennemis, de tes oppresseurs, de tes prédateurs et de tes bourreaux, aux yeux de leurs complices internes et externes, et aux yeux de toute la famille des enfants d'Adam, sembles-tu mériter à vie ce sinistre, macabre, horrible et funeste sort ? Jusques à quand vas- tu continuer à sombrer passivement dans l'amnésie identitaire et dans l'hypothèque de ton libre arbitre, de ta merveilleuse et prodigieuse destinée, de la place qui te revient parmi les grands dans le concert des nations et de ton rôle moteur dans le rendez-vous universel de la mondialisation ? L'univers entier attend impatiemment la révélation et la manifestation effectives de ta grandiose destinée : Lève-toi ! Réveille tes pères ! Brise tes chaînes ! Prends ta liberté entre tes deux mains ! Vas au grand rendez- vous sacré de ta noble destinée ! Et marche résolument vers l'aurore !

Acte III

O ! Troupeau résigné, docile et plein d'espérance en la venue imminente de l'aurore, au cœur de l'Ebène !

Au temps marqué depuis la fondation du monde par l'Ancien des jours, arrive ton salut ! Tu lèveras tes yeux au-delà de ton figuier stérile et, au lever du Soleil de la justice, tu verras venir ton berger avec dans sa droite l'alliance de Melchisedek, par-delà tes convulsions et tes rêves cauchemardesques !

Tu te réconcilieras avec toi-même et avec l'Eternel, ton Dieu, pour être en harmonie avec ta destinée dans la jouissance de toutes les œuvres de sa Création qui te sont échues en partage comme don précieux de sa grâce et héritage inaliénable de tes ancêtres communs en ressources humaines comme naturelles.

Alors, le Tout-Puissant te recueillera, te guérira et pansera tes purulentes plaies avec son vin doux et son huile fraiche. Il te nourrira du pain tendre de sa Parole, te rassasiera du lait et du miel de sa grâce, et tu reprendras abondamment ta vitalité et ta viabilité, ta vivacité et ta vélocité, ta vivabilité et ta visibilité ! Et tu t'affirmeras dans ta léonité !

De ta sève débordante, ta Mère Ebène guérira de ses maux, recevra la vigueur du buffle, fleurira et donnera, à chaque saison et en grande abondance, ses précieux et délicieux fruits aux montagnes du reste de la terre et abritera leurs plantes à l'ombre de ses feuilles vertes.

A la place de ton roseau flétri et sec, le Magistrat Suprême et Absolu mettra dans ta droite un sceptre florissant en or, de justice et d'équité, que nul ne ravira ni ne brisera.

L'Eternel des armées, ton Dieu, ôtera du milieu de toi les vipères, les sangsues, les chiques, les charançons, les loups, les chacals, les hyènes, les renards, les chauves-souris, les caméléons, les hiboux, les autruches, les paons, les vautours et les chiens.

Lionceau redoutable et indomptable ! Alors ! Tu te réveilleras ; tu te souviendras de qui tu es ; tu te relèveras ; tu te redresseras ; tu te tiendras sur tes puissantes pattes de part et d'autres de ton grand et majestueux Salem. Farouche ! Tu briseras à ta droite ; tu écraseras à ta gauche ; tu broyeras devant toi ; derrière toi, l'ombre de ta queue redressée sera un épouvantail pour tes adversaires ; et ton rugissement enverra des tonnerres étourdissants et mortels chez tes ennemis. La sûreté planera sur ta *parcelle et ta tanière ne sera plus visitée ou envahie impunément par des indésirables messagers de la mort ou par des vandales. Ta vision de lion, ton aspect de lion et ton odeur de lion feront ta paix !*

Acte IV

O ! Grand Salem, toi le cœur de l'Ebène !

Le Très-Haut répandra du ciel sur toi la rosée de sa grâce, de son amour, de sa bonté, de sa miséricorde et de ses compassions sans mesure et pour toujours. Il rendra ton champ fertile et assurera la vigueur à ta vigne dans tes campagnes. Ta terre deviendra habitable et serviable. Elle te récompensera avec générosité en te rendant le prix et la noblesse de ton labeur.

Ta postérité sera grande, forte et puissante par la bénédiction du Dieu d'Abraham, ton Dieu. Elle possèdera triomphalement et irrésistiblement la porte de tous ses ennemis et y inscrira son nom et sa loi. Elle prospèrera par la sueur de son front et par l'œuvre de ses mains. Elle deviendra un baobab parmi les nations. Elle ne tournera plus des regards hagards et inquiets en dehors de ta case, et n'abandonnera plus ta bergerie en quête d'un eldorado lointain et incertain, sous un soleil ardent, à la merci de toutes sortes d'intempéries et sur des sentiers périlleux, parfois sans aboutissement ni retour.

L'Eternel des armées, ton Dieu, commandera, de l'orient et de l'occident, du septentrion et du midi, des vents impétueux qui rassembleront chez toi des colombes et des aigles. Ils seront à ton service nuit et jour pour t'apporter le Salut, dresser ta table, tenir ta coupe, te vêtir de la pourpre et de l'écarlate, et pour orner tes murs d'or, de perles, de diamants et de toutes sortes des pierres précieuses.

Tu deviendras une montagne des délices pour tes filles et fils bien-aimés. Les enfants de toutes les montagnes de la terre le verront et te proclameront bienheureux et béni de l'Eternel, ton Dieu. Ils accourront vers toi pour s'accrocher à ta droite, s'abriter à l'ombre de ton aile déployée, sucer à tes mamelles, manger à satiété à ta table et porter fièrement ton illustre nom.

Acte V

O ! Grand Salem, prodige des montagnes de la terre, au cœur de l'Ebène !

Tu réjouiras infiniment le cœur de l'Eternel, ton Dieu, avec le parfum permanent de ton encens et avec ta dîme spéciale et unique de ta terre, au moyen de laquelle tu instaureras une vivante et durable alliance de réconciliation, de paix, de communion fraternelle, et de solidarité ; de sécurité, de protection, de secours et d'assistance mutuels ; de coopération privilégiée et de prospérité partagée, entre Juda et son frère sur la montagne de Morija, et entre les deux et toi. A la suite de cette alliance de Morija, tu tiendras à tes mains ces deux frères et les ramèneras avec toi au bercail, au sein de l'Ebène, votre Mère commune à vous tous, et dans les bras de vos frères Ebénites, pour former une famille unique, solide, forte, puissante et bénie richement.

*Tes offrandes extraordinaires à l'Eternel, ton Dieu, soutiendront la vigueur des vignes des campagnes des montagnes ébéniques et des vignes des campagnes du reste de la terre. Elles t'ouvriront largement les portes de leurs bourses et se mettront toutes ensemble autour de toi pour prendre en délibéré et à main levée ta vie en charge et te rendre au centuple le bonheur, selon que l'a dit le Chilo : « **Il** *y a plus de bonheur à donner qu'à recevoir* » !

L'Eternel, ton Dieu, te couvrira de son ombre, de la splendeur de sa gloire et te revêtira d'un manteau de considération, d'estime, de respectabilité, de dignité et d'honneur. Il te portera sur ses ailes et te transportera jusqu'au sommet de l'échelle des montagnes de la terre où tu prendras ta place parmi les grandes étoiles brillantes du firmament. Ta renommée et ta parole auront force de loi dans les assemblées des montagnes de la terre, te précéderont en ta faveur et à ton avantage partout chez tes amis comme chez tes ennemis, et s'imposeront sans conteste au milieu de tes pairs.

Tes heures, tes jours, tes semaines, tes mois et tes années seront comblés de succès, de bien- être, de joie, de bonheur, de paix et des chants d'allégresse à la grandeur, à l'honneur et à la gloire de l'Eternel, ton Dieu !

Acte VI

O ! Filles et fils bien-aimés du Grand Salem, au cœur de l'Ebène !

Ne mourez pas ! Réveillez votre mémoire ! Ne mourez pas ! Ne mourez pas avant l'aurore ! L'univers tout entier attend impatiemment la révélation et la manifestation effectives de votre merveilleuse et prodigieuse destinée ! La place qui vous revient parmi les grands dans le concert des nations est vide et votre rôle moteur absent au rendez-vous universel de la mondialisation ! Prenez votre liberté en mains ; chassez la peur et allez tout droit répondre au grand rendez-vous sacré de votre noble destinée et à la conquête de la place qui vous revient parmi les grands dans le concert des nations et de votre rôle moteur dans le rendez-vous universel de la mondialisation !

Marchez triomphalement vers l'aurore !   Allez-y !   Allez-y ! Allez-y ! N'hésitez pas ! En avant vers l'aurore ! Ne mourez pas ! Réveillez votre mémoire ! Ne mourez pas avant l'aurore ! Ne tuez pas ! Ne détruisez pas ! Bannissez la cruauté, la violence, la barbarie et le terrorisme, et ne permettez à personne de les ériger chez vous ou d'en faire un abreuvoir pour vos enfants ! Brisez vos chaînes ! Réveillez vos pères ! Appelez l'aurore ! Soyez solidaires et unis ! Bâtissez votre pays par le travail !

Ne mourez pas avant de n'avoir vu paraître l'aurore dans la splendeur de sa lumière brillante, vivifiante et restauratrice : ne mourez pas ! Avant que ne se lève le Soleil de la justice sur les saules des rives endormies et des sombres affluents de votre grand et majestueux Salem : ne mourez pas ! Avant que le Soleil de la justice ne traverse les sillons enténébrés du Grand Salem, ne balaie de fond en comble ses ordures, ne les évacue et ne les jette dans l'océan de l'oubli, et n'efface ses souillures à toujours et à perpétuité : ne mourez pas !

Enfants de la grande famille salemite ! Soyez dignes de l'héritage de vos pères ! Vivez dans l'amour mutuel et dans la communion fraternelle ! Ecrasez à vos pieds le favoritisme, le clientélisme, le sexisme, le tribalisme, les haines et les luttes ethniques, et les querelles politiciennes qui vous distraient, vous divisent, vous séparent et vous affaiblissent à l'avantage de vos ennemis ! Votre union fera votre force ! Pardonnez- vous les uns aux autres ! Réconciliez-vous les uns avec les autres ! Soyez forts ! Levez-vous ! Marchez ensemble, main dans la main, dans l'unité, la dignité, la loyauté, la fidélité, l'honnêteté, la vérité, la droiture, la justice, la joie, la paix, la haine du mal et la crainte de l'Eternel, votre Dieu !

Travaillez tous avec abnégation et bâtissez votre grand et beau pays dans la solidarité et l'unité d'esprits et de cœurs, dans la concorde et la cohésion nationales, dans la sécurité, la protection, le secours et l'assistance mutuels, et dans la complémentarité et la complicité citoyennes, pour votre bonheur, pour le bonheur de vos enfants et pour le bonheur des enfants des enfants de vos enfants !

Ne pillez plus et ne livrez plus votre maison au pillage ! Ne détruisez plus ! Ne tuez plus vos frères et sœurs ! Ne multipliez plus des orphelins et des veuves ! Bannissez la cruauté, la violence, la barbarie et le terrorisme, et ne permettez à personne de les ériger chez vous ou d'en faire un abreuvoir pour vos enfants ! Ne violez plus vos filles, vos sœurs, vos mères et vos grand-mères ! Ne permettez plus à personne de les violer ! Ne faites plus de la personne humaine de la jeune fille ou de la femme Salémite un objet d'assouvissement, de vente ou d'esclavage sexuels ! Ne permettez plus non plus à quiconque de les considérer ainsi ou de les traiter de la sorte ! Ne mourez pas ! Ne tuez plus ! Ne détruisez plus ! Ne pillez plus ! Ne laissez plus personne piller vos richesses ! Ne violez plus ! Ne laissez plus personne violer vos filles, vos sœurs, vos mères et vos grand-mères !

Ne faites plus de la personne humaine de la jeune fille ou de la femme Salémite un objet d'assouvissement, de vente ou d'esclavage sexuels ! Ne permettez plus non plus à quiconque de les considérer ainsi ou de les traiter de la sorte !

Acte VII

O ! Bienheureux Salémites, au cœur de l'Ebène !

Hommes, femmes, enfants, jeunes et vieux Salémites ! Appelez l'aurore à cor et à cris et laissez couler à flot et allégrement de vos cœurs candides l'amour pour le Grand Salem et pour vos frères et sœurs ; l'amour pour l'Ebène et les enfants de ses montagnes, les Ebénites ; l'amour pour Juda et ses enfants et pour son frère et ses enfants sur la montagne de Morija ; l'amour pour les montagnes du reste de la terre et de leurs enfants ; et l'amour pour l'Eternel des armées, votre Dieu, et pour toutes les œuvres de sa Création qui nous sont échues en partage comme don précieux de sa grâce et héritage inaliénable de nos ancêtres communs en ressources humaines comme naturelles de notre Nation. Ne mourez pas ! Ni aujourd'hui ni demain ni dans les jours à venir : ne mourez pas !

Filles et fils Salémites, bien-aimés de l'Eternel, notre Dieu ! Vous qui vivez dans notre Maison et vous qui êtes plantés aux quatre coins de la terre : Ecoutez le son de la trompette du Grand Salem, notre très chère et tendre Mère Patrie ! S'il vous plaît : Réveillez votre mémoire ! Ne mourez pas ! Ne mourez pas avant l'aurore ! Ne tuez pas ! Ne détruisez pas ! Brisez vos chaînes ! Réveillez vos pères ! Appelez l'aurore et allez au grand rendez-vous sacré de votre libre arbitre, de votre merveilleuse et prodigieuse destinée, de la place qui vous revient parmi les grands dans le concert des nations et de votre rôle moteur dans le rendez-vous universel de la mondialisation !

Ne tuez pas vos frères ! Ne tuez pas vos sœurs ! Ne laissez plus personne les tuer ! Ne répandez plus le valeureux et noble sang salémite ! Ne laissez plus personne le répandre ! Bannissez la cruauté, la violence, la barbarie et le terrorisme, et ne permettez à personne de les ériger chez vous ou d'en faire un abreuvoir pour vos enfants !

Ne détruisez plus votre seul et unique paradis que vous avez sous les cieux et qui vous appartient en propre ! Ne laissez plus personne le détruire ! Avec dignité et bravoure, dans l'unité et la solidarité, défendez et protégez jalousement, jusqu'au sacrifice suprême, le seul et l'unique paradis de vos enfants, destiné aux enfants des enfants de leurs enfants !

Embrassez ardemment votre Grand Salem dans vos cœurs et dans vos bras ! Ne détruisez plus ! Ne mourrez pas ! Réveillez vos pères ! Ne tuez plus ! Bannissez la cruauté, la violence, la barbarie et le terrorisme, et ne permettez à personne de les ériger chez vous ou d'en faire un abreuvoir pour vos enfants ! Appelez l'aurore à cor et à cris ! Travaillez dans la *dignité, la solidarité et l'unité d'esprits et de cœurs pour votre bien-être et pour celui de vos générations futures ! Combattez ensemble pour la reconquête de l'intégrité de votre terre sacrée envahie par vos ennemis !*

Attention ! Ne sera plus tué que celui qui tuerait ou qui voudrait tuer les enfants bien-aimés du Grand Salem ! Ne sera plus versé que le sang de celui qui verserait ou qui voudrait verser le valeureux et noble sang salémite ! Ne seront plus détruits que les biens de celui qui détruirait ou qui voudrait détruire les biens des Salémites ou les biens de filles et fils des étrangers qui ont élu pacifiquement et légalement domicile chez nous et qui partagent paisiblement et généreusement leur labeur et leur pain avec les Salémites !

Plus de clémence pour les violeurs de nos filles, de nos sœurs, de nos mères et de nos grand-mères ! Plus de clémence pour les détourneurs des deniers et des biens publics et pour les pilleurs de nos richesses ! Arrêtez la corruption ! Plus de clémence pour les corrupteurs et les corrompus !

O ! Enfants bien-aimés du Grand Salem ! Réveillez-vous ! Soyez sensibles aux cris de détresse de votre peuple et à la misère de nos enfants, de nos frères et sœurs, de nos parents et de nos grands-parents vivant sous l'occupation, la cruauté, les horreurs, les atrocités et la terreur de nos ennemis internes et externes sur la terre de nos ancêtres ! Mettons-nous tous debout comme un seul homme, derrière nos institutions et nos forces armées, et allons à l'assaut de nos ennemis, à la reconquête de nos terres et à la libération de nos enfants, de nos frères et sœurs, de nos parents et de nos grands- parents ! Mettons fin à leurs atrocités et à leurs massacres ! Plus de clémence pour les bandits, les barbares et les terroristes !

Qu'il soit anathème, lui et sa postérité jusqu'à la troisième et à la quatrième générations, tout criminel responsable des actes de cruauté et de violence, de barbarie et de terrorisme, de vol et de pillage, de corruption et de détournement, et d'exploitation marchande, de viol et d'esclavage sexuel de la personne humaine de la jeune fille et de la femme Salémites, ou de la personne humaine de la jeune fille et de la femme étrangères établies ou de passage chez nous ; au nom de la Justice céleste ; au nom de la mémoire indélébile de toutes nos innombrables victimes, mortes et vivantes, de toutes ces ignobles atrocités ; et au nom du béni et paisible peuple Salémite ! Amen !

Désormais ! C'est la réciprocité légitime et proportionnelle : Œil pour œil ! Dent pour dent ! Sang pour sang ! Biens pour biens ! Ruines pour ruines ! Contre les enfants égarés de notre peuple, contre toute progéniture étrangère maléfique, contre toute entreprise multinationale prédatrice et avilissante, et contre toute puissance étatique voyou et déshumanisante, qui toucheraient encore à un seul Salémite, à une seule de nos richesses et à notre très chère et tendre Mère Patrie, notre bien-aimé Grand Salem, le cœur de l'Ebène ! Amen !

Que l'Eternel des armées, notre Dieu, sauve, garde, protège et bénisse notre très chère et tendre Mère Patrie, le Grand Salem, de génération en génération   !   Amen   !

BIBLIOGRAPHIE

- La Sainte Bible : Versions Louis Segond et Le Semeur ;

- La Bible d'étude Thomson (lue sur le net) ;

- Commentaire biblique (lu sur le net) ;

- Dictionnaire biblique (lu sur le net).

« *Avec Dieu, nous ferons des exploits ; il écrasera nos ennemis !* »
(Psaume 60 :12, L. Segond)

Hommages aux vaillants guerriers de nos FARDC et Wazalendo

Hommages aux patriotes, le général major Cirimwami Nkuba Peter, gouverneur militaire du Nord-Kivu, et le colonel Rugabisha Alexis, commandant de la 12ème brigade des FARDC et jeune frère du lieutenant général Masunzu Pacifique, et à tous nos autres héros FARDC et Wazalendo qui, comme eux, sont tombés arme à la main sur le champ de l'honneur et dont les noms sont désormais gravés dans le firmament du panthéon des immortels de la Nation du Congo-kinshasa.

A toutes leurs familles biologiques respectives, à toutes nos FARDC, à tous nos Wazalendo et à toute la Nation du Congo-Kinshasa nous présentons nos très sincères condoléances.

***Le général major Cirimwami Nkuba Peter,
gouverneur militaire du Nord-Kivu***

***Le colonel Rugabisha Alexis, commandant
de la 12ème brigade des FARDC***

*La lutte continue et la victoire est certaine, dit-on également !
Longue que soit la nuit, le jour finit par paraître, dit-on !*

PRESENTATION DE L'AUTEUR

Diplômé d'Etat en pédagogie générale, artiste plasticien, autodidacte, fonctionnaire de l'Etat Congolais, prince Kanyok, serviteur du Seigneur Jésus-Christ et Fondateur de la *Communauté Evangélique des Néhémites*, en sigle **CEVAN**, écrivain et poète, Moïse KABWE MUZEMBE BUKASA Ben Gourion se veut le *Néhémite* de son bien-aimé et vaillant peuple du Congo-Kinshasa et de son bien-aimé et éternel peuple de l'Eglise, le Corps du Christ.

Ce nom « *Néhémite* » est un patronyme de *Néhémie*, mot signifiant : *''L'Eternel a consolé''* ou *''Dieu console''*, par extension : *''consolation de l'Eternel''*. *Néhémie* est le nom d'un personnage biblique de l'Ancien Testament, auteur du livre qui porte son nom, illustre par sa démarche osée et significative auprès d'ARTAXERXES 1er, dit Longuemain, fils de XERXES, roi des PERSES (465 – 424 av.J.C), à la cour duquel il était un important fonctionnaire (échanson ou officier chargé de servir à boire au roi), laquelle démarche l'a conduit et a abouti à la réparation et à la reconstruction des murailles en ruine de Jérusalem, à la restauration de la vie spirituelle, politique, sociale et économique de son peuple

(Néhémie 1-13, La Sainte Bible).

Le Nom *''Néhémite''* renvoie aux réalités des vertus cardinales que renferme la personne de *Néhémie*, à savoir : celles de consolateur, de bâtisseur, de réparateur de brèches et de restaurateur.

En effet, à travers la *Communauté Evangélique des Néhémites*, en sigle *CEVAN*, et de concert avec elle, en leur qualité commune d'ambassadeurs pour Christ, l'auteur travaille à la réconciliation de toute personne humaine avec Dieu par la proclamation de la Bonne Nouvelle du Royaume de Dieu pour le Salut éternel, d'une part ; et, d'autre part, en sa qualité du ministre de l'Eglise, le Corps du Christ, comme apôtre, travaille également et spécifiquement à l'édification, à l'expansion et à l'extension de cette dernière.

En outre, en tant que *Néhémite* toujours, l'auteur se voue aussi avec abnégation au service de sa très chère et tendre Mère Patrie, la Nation du Congo-Kinshasa, en vue de mener son grand, vaillant et béni peuple à recouvrer son libre arbitre, sa conscience et sa fierté identitaires et patriotiques, à la conquête de la place qui lui revient parmi les grands dans le concert des nations, et à jouer effectivement son rôle moteur dans le rendez-vous universel de la mondialisation, ce conformément à la merveilleuse, prodigieuse et noble destinée de la Nation congolaise.

Il fait sienne cette promesse divine :

« *Les tiens rebâtiront sur d'anciennes ruines, tu relèveras des fondements antiques, on t'appellera réparateur des brèches, celui qui restaure les chemins, qui rend le pays habitable* » *(Esaïe 58 : 12, La Sainte Bible, L. Segond).*